BEI GRIN MACHT SICH IHR WISSEN BEZAHLT

- Wir veröffentlichen Ihre Hausarbeit, Bachelor- und Masterarbeit

- Ihr eigenes eBook und Buch - weltweit in allen wichtigen Shops

- Verdienen Sie an jedem Verkauf

Jetzt bei www.GRIN.com hochladen und kostenlos publizieren

Tamara Rachbauer

Textanalyse, Zusammenfassung und eigene Ergänzungen zu Heinz Neber: „Kooperatives Lernen"

GRIN Verlag

Bibliografische Information der Deutschen Nationalbibliothek:

Die Deutsche Bibliothek verzeichnet diese Publikation in der Deutschen National-
bibliografie; detaillierte bibliografische Daten sind im Internet über http://dnb.d-
nb.de/ abrufbar.

Impressum:

Copyright © 2009 GRIN Verlag GmbH
Druck und Bindung: Books on Demand GmbH, Norderstedt Germany
ISBN: 978-3-656-71433-0

Dieses Buch bei GRIN:

http://www.grin.com/de/e-book/278269/textanalyse-zusammenfassung-und-eigene-
ergaenzungen-zu-heinz-neber-kooperatives

GRIN - Your knowledge has value

Der GRIN Verlag publiziert seit 1998 wissenschaftliche Arbeiten von Studenten, Hochschullehrern und anderen Akademikern als eBook und gedrucktes Buch. Die Verlagswebsite www.grin.com ist die ideale Plattform zur Veröffentlichung von Hausarbeiten, Abschlussarbeiten, wissenschaftlichen Aufsätzen, Dissertationen und Fachbüchern.

Besuchen Sie uns im Internet:

http://www.grin.com/

http://www.facebook.com/grincom

http://www.twitter.com/grin_com

Heinz Neber: „Kooperatives Lernen"

Textanalyse, Zusammenfassung und eigene Ergänzungen

Arbeitsauftrag 1 der Online-Vorphase im Modul 06 – Kognitions- und Motivationspsychologie

vorgelegt von: *Tamara Rachbauer*

Inhaltsverzeichnis

1 Arbeitsauftrag

Als Arbeitsauftrag sollten wir einen Text der BASISLITERATUR nach unserem Interesse auswählen und

diesen so zusammenfassen, dass **zwei zentrale Aspekte** jeweils klar herausgearbeitet werden.

- Wichtig ist erstens, dass das Konzept jeweils klar definiert ist, bzw. dabei auch vorhandene Unterkonzepte unterschieden werden.

- Zweitens sollen Möglichkeiten der Förderung bzw. Verhinderung dargestellt werden. Denken Sie sich auch jeweils gleich ein konkretes Beispiel zur Veranschaulichung aus!

2 Kooperatives Lernen – Definition

Kooperatives Lernen (engl.cooperative learning) ist eine Lernform, bei der Lernende in kleineren Gruppen arbeiten, um sich beim Lernen des Stoffs gegenseitig zu helfen (Slavin, 1989).

Das definierende Merkmal von Lerngruppen ist die Interdependenz (gegenseitige Abhängigkeit) der Mitglieder, welche durch ein gemeinsames Ziel hergestellt wird (Deutsch, 1949).

Arten von zielbezogener Interdependenz:

1. **Positive Interdependenz** in kooperativen sozialen Situationen. Alle Mitglieder der Gruppe können das Ziel erreichen. Im Extremfall erreichen auch alle Mitglieder gemeinsam das Ziel.

2. **Negative Interdependenz** in kompetitiven sozialen Situationen. Nicht alle Mitglieder können das Ziel erreichen. Einzelne erreichen das Ziel nur auf Kosten anderer.

3. **Keine Interdependenz** in individualistischen Zielstrukturen. Wahrscheinlichkeit für die Zielerreichung ist weder positiv noch negativ.

3 Vorteile von kooperativem Lernen

Positive Interdependenz bei kooperativen sozialen Situationen

- *führt zu*

  - höherer Produktivität,

  - positiveren Beziehungen,

  - höherer Selbstwirksamkeit,

  - fördert soziale Kompetenz,

  - höheren Leistungen,

  - größerer interpersoneller Attraktivität,

  - stärkerer Beteiligung von Außenseitern am Unterricht (Behinderte, Minoritäten)

- *fördert*

  - die Wahrnehmung von Gleichheit bei allen Beteiligten, das heißt, dass sich die Mitglieder als ähnlicher auffassen.

  - die Bereitschaft zu prosozialem Verhalten (soziales Verantwortlichkeitsgefühl entsteht).

  - das Interesse und die positive Einstellung zum Unterricht.

- *steigert*

  - die Selbstverantwortung für das eigene Lernen (situiertes Lernen).

- *verringert*

  - die Abhängigkeit von externen Instanzen als einzige Wissensquelle.

Negative Interdependenz bei kompetitiven sozialen Situationen

- verstärkt unerwünschte soziale Vergleichsprozesse, die zu negativen Konsequenzen für die Lernmotivation und die Selbstauffassung von Lernenden beitragen; dabei sind vor allem leistungsbezogene Kognitionen betroffen.

- hier dominieren vor allem fähigkeitsbezogene Kausalattributionen (Ursachenzuschreibungen) von Leistungsergebnissen, das heißt, dass GewinnerInnen zur Selbstüberschätzung tendieren, während VerliererInnen die Leistungsergebnisse der eigenen Unfähigkeit zuschreiben und als Folge ihre Leistungsorientierung nicht aufrechterhalten.

4 Effektives kooperatives Lernen

Lernen in der Gruppe ist effektiv, wenn

- soziale Erleichterung realisiert wird,

- Denkprozesse externalisiert (nach außen verlagert) werden,

- alternative Perspektiven verglichen werden und

- Soziales Monitoring (Beobachtung der sozialen Faktoren) der Lernaktivitäten erfolgt.

4.1 Mögliche auftretende Gruppenphänomene

Folgende motivational negative Effekte/Phänomene des Lernens in der Gruppe können dies verhindern (vgl. Neber, 2001 und learn:line NRW, o.J.):

- *Free-Rider Effekt (Der-Hans-der-macht's-dann-eh-Phänomen):* Schwächere Mitglieder der Gruppe überlassen die Lernarbeit den leistungsfähigeren Mitgliedern.

- *Sucker Effekt (Ja-bin-ich-denn-der-Depp-Phänomen):* Leistungsstärkere Gruppenmitglieder fühlen sich ausgebeutet und reduzieren ihre Anstrengungsbereitschaft.

- *Statusabhängiger Effekt:* Statusniedrige Mitglieder reduzieren ihre lernbezogene Interaktion.

- *Ganging-Up Effekt:* Die Gruppe pendelt sich auf Lösungen ein, die mit der geringsten Anstrengung verbunden sind.

- *Matthäus-Effekt oder Scheren-Effekt (Da-mach-ich-es-doch-gleich-lieber-selbst-Phänomen):* Mitglieder mit höherer Motivation und besseren Eingangsvoraussetzungen übernehmen oft die Hauptarbeit, da ihnen die Beiträge der anderen Gruppenmitglieder nicht gut genug sind oder es ihnen zu langsam vorangeht. Die besseren Mitglieder arbeiten also mehr und lernen daher mehr als ihre anderen Gruppenmitglieder.

- *Intrapersonaler Matthäus-Effekt (Das-kann-und-mag-ich-nicht-mach-du-Phänomen):* Die Arbeit wird oft so aufgeteilt, dass diejenigen, die etwas Bestimmtes können auch diese Arbeit ausführen. In dem Gebiet, das sie bereits können, vertiefen sie ihre Kenntnisse, was sie nicht können, lernen sie auch nicht.

- *Ich-habe-meinen-Teil-erledigt-Phänomen:* Manche Gruppenmitglieder weigern sich, weitere Beiträge zu leisten, da sie der Meinung sind, ihren Teil bereits geleistet zu haben.

- *Gruppenarbeit-Nein-Danke-Phänomen:* Aufgrund der Schwierigkeiten der Kooperation in einer Lerngruppe sinkt die Kooperationsbereitschaft für weitere Gruppensituationen.

4.2 Komponenten für effektives kooperatives Lernen

Folgende Komponenten sollen motivational negative Effekte/Phänomene vermeiden:

* *positive Interdependenz* (im Sinne gegenseitiger Abhängigkeit) sollte hoch sein. Unterscheidung hinsichtlich der:

  - Lernziele,

  - Lernaufgaben,

  - notwendigen Ressourcen,

  - verteilten Rollen und der

  - Belohnungen (Teambezogene Belohnungen – rewards in Form von Zertifikaten)

* *hohes Ausmaß interaktiven Verhaltens* seitens der Gruppenmitglieder (diskutieren, erklären)

* *individuelle Verantwortlichkeit oder individual accountability* als stärksten Prädiktor für die Lernleistung (bevorzugt durch Summierung individueller Leistungswerte zu „teamscores" – Gruppenergebnis setzt sich aus individuellen Beiträgen zusammen)

* *angemessene soziale Fertigkeiten* der Gruppenmitglieder (die gezielt entwickelt werden)

* *Eigene Evaluation der Gruppenarbeit oder group processing* (Reflexion über die Effektivität der Gruppenarbeit)

* *gleiche Erfolgschancen aller Mitglieder* (hoch und wenig leistungsfähige Mitglieder können gleiche Anteile zum Gruppenergebnis beitragen)

4.3 Realisierung dieser Komponenten

4.3.1 Merkmale der Gruppe:

* Heterogene Zusammensetzung der Gruppen nach:

  - Fähigkeiten (mixed-ability groups),

  - Leistung,

  - Geschlecht und

  - Minoritätenstatus.

* Größe der Gruppe: 2 bis 6 Mitglieder ist optimal

4.3.2 Merkmale der Aufgaben:

- gut aufteilbar,

- leicht verbalisierbar und

- alternative Lösungen möglich

- *Beispiele für geeignete Aufgaben:*

  - kooperative themenbezogene Recherche bzw. Informationssuche im Internet mit anschließender Präsentation und Diskussion der Ergebnisse;

  - Kooperative Be- oder Ausarbeitung von Texten;

  - paralleles Problemlösen, bei dem Gruppen zunächst unabhängig voneinander an der Lösung eines Problems arbeiten und anschließend ihre Lösungen und Ergebnisse austauschen und diskutieren;

5 Formen von kooperativem Lernen

Um die Effektivität von kooperativem Lernen, also das gegenseitige Unterstützen, zu fördern, wurden zahlreiche Verfahren bzw. Organisationsformen mit differierenden Zielstellungen entwickelt.

- mit oder ohne teambezogene Belohnung (group reward), das heißt, dass die abschließende Bewertung auf Basis der gemeinsamen Gruppenleistung (mit group reward) oder individuell (ohne group reward) erfolgt

- mit oder ohne aufgabenbezogene Interdependenz (task specialisation) entwickelt, das heißt, das gegenseitige Unterstützen wird durch eine spezielle Aufgabenstruktur gefördert (mit task specialisation)

- Training von Fertigkeiten zur effektiven Interaktion innerhalb der Gruppen

5.1 Lernen durch Lehren: Skript-Kooperation und Kooperatives Lehr-Skript (entwickelt von Dansereau & O'Donnell)

Dabei handelt es sich um Verfahren für das Arbeiten in Zweiergruppen (Dyaden) als Ausgangssituation für kooperatives Lernen. Um die Effizienz kooperierender Dyaden zu verbessern, werden Skripts vorgegeben, die kommunikative Rollen und Rollenwechsel vorschreiben (turn-taking) und an die Fähigkeiten und kognitiven Stile der Lernenden angepasst sind.

5.1.1 Skript-Kooperation

Ablauf:

- Beide Lernenden lesen einen gegebenen Text.

- Eine(r) der beiden fasst das Gelernte zusammen und berichtet dem/der PartnerIn, der/die seiner-/ihrerseits auf Korrektheit und Vollständigkeit achtet.

- In der folgenden Phase arbeiten beide gemeinsam daran, sich das Wesentliche des Textes besser einzuprägen.

- Anschließend lesen beide im Text weiter, wonach die Rollen getauscht werden.

5.1.2 Kooperatives Lehr-Skript

Ablauf:

- Die Lernenden lesen nur noch die Passagen, die sie selbst zusammenfassen müssen.

- Die „Lehrenden" haben eine größere Verantwortung und werden die Textpassagen gewissenhafter vorbereiten und sorgfältiger referieren

- Der/die Lernende wird dem/der Vortragenden viel aufmerksamer zuhören,

- es herrscht eine größere gegenseitige Abhängigkeit als bei der Skript-Kooperation.

5.1.3 Anwendung

- Zur Einführung in kooperatives Lernen, wenn diese Art des Lernens noch nicht geläufig ist.

- Selbstständiges Erarbeiten von zusätzlichen Informationen zu einem Sachgebiet.

- Als Einführung in ein neues Themengebiet.

- Zum Abschluss eines Themengebietes.

- Vorbereitung auf eine Klausur/Test/Schularbeit.

5.2 Reziprokes Lehren – Gruppengespräche (initiiert von Palincsar & Brown)

Ablauf:

- Texte werden von SchülerInnen in Kleingruppen erarbeitet und diskutiert.

- Die Diskussion wird abwechselnd von einem der SchülerInnen und dem/der LehrerIn geleitet.

- Bei mehr Erfahrung wechseln sich nur noch SchülerInnen in der Diskussionsleitung ab.

- Die Diskussion sollte mindestens folgende Punkte umfassen:

  - Der Diskussionsleiter stellt Fragen über die wesentlichen Punkte des gerade gelesenen Textes.

  - Der Text wird zusammengefasst.

  - Unklarheiten werden beseitigt.

  - Voraussagen über den Inhalt des nächsten Textabschnitts werden getroffen.

5.2.1 Anwendung

Reziprokes Lehren wird eingesetzt

- zur Förderung von Leseverständnis,

- als längerfristige dyadische Organisation kooperativen Lernens an Hochschulen und

- zum Lernen durch Lehren (Strukturierung gegenseitigen Fragens und Erklärens).

5.3 Kooperatives Lernen als Gruppen-Puzzle – Jigsaw (entwickelt von Aronson)

- **ohne** teambezogene Belohnung

- **mit** positiver aufgabenbezogener Interdependenz

Ablauf

- Die Klasse wird in heterogene „home-Gruppen" eingeteilt.

- Jedes Mitglied erhält einen anderen Text.

- Die Texte werden in „focus-Gruppen" gelesen und erarbeitet, in denen sich SchülerInnen mit jeweils gleichen Texten aus den „home-Gruppen" treffen.

- Danach kommen die SchülerInnen wieder in ihren „home-Gruppen" zusammen, wobei jedes Mitglied die anderen über sein/ihr spezielles Wissen unterrichtet.

- Der gesamte Stoff wird individuell geprüft, jede(r) SchülerIn erhält einen Punktwert.

Vorteile:

- wirkt sich positiv auf die Lesestrategien (Textverständnis, Leseverständnis),

- Selbstauffassungen und

- Angstwerte (Leistungsängstlichkeit) der SchülerInnen aus.

Nachteile:

- Meist ist es schwierig, die Texte in unabhängig zu lesende Teile aufzuteilen und

- die entscheidende individuelle Verantwortlichkeit fehlt.

5.4 Kooperatives Lernen als Gruppen-Puzzle – Jigsaw II (Modifizierung von Jigsaw durch Slavin)

Ablauf:

- Alle lesen denselben Text.

- Danach spezialisieren sich die Mitglieder in „focus-Gruppen" auf einzelne Fragestellungen.

- Die „home- Gruppen" erhalten Punkte durch Summierung der individuellen Punkte. (individuelle Verantwortlichkeit)

5.5 An der Johns Hopkins Universität entwickelte Verfahren

- Teams-Games-Tornament (TGT, Gruppenturniere) und Student-Teams-Achievement-Divisions (STAD, Lern-Leistungs-Gruppe)

- Im Rahmen des student team learning-Programms entwickelte Verfahren

- Sind am häufigsten eingesetzt und evaluiert

- *Gekennzeichnet*

- **durch** teambezogene Belohnung (group reward)

- **ohne** aufgabenbezogene Interdependenz (keine Spezialisierung der Mitglieder)

Alle Versionen verwenden einen vierstufigen Instruktionszyklus:

1. Lehrervortrag (Einführung in das Thema),

2. Aufarbeitung des vorgetragenen Stoffs in kooperierenden Teams mit vier bis fünf Mitgliedern (vorgeschrieben sind Arbeitsblätter, Aufgaben, gegenseitiges Überprüfen),

3. individuelle Überprüfung der Lernleistung ohne gegenseitige Hilfe (Tests) und

4. teambezogene Belohnungen, die sich nach den summierten individuellen Leistungen (team scores) richten.

Dabei wird neben

- teambezogener Belohnung und

- individueller Verantwortlichkeit

sichergestellt, dass

- jedes Mitglied gleiche Anteile zur Gesamtpunktzahl beitragen kann, da die individuellen Punkte nach einem individuellen Vergleichsmaßstab (Bezugsnormorientierung) vergeben werden (d.h. danach, wie weit vorherige individuelle Punktewerte übertroffen werden).

5.5.1 Student-Teams-Achievement-Divisions (STAD, Lern-Leistungs-Gruppe)

STAD basiert auf dem vierstufigen Instruktionszyklus.

1. Zu Beginn einer Unterrichtseinheit gibt die Lehrkraft den SchülerInnen eine Einführung in das neue Thema in Form eines LehrerInnenvortrags.

2. Darauf folgt die Teamarbeit in Gruppen von vier bis fünf SchülerInnen. Die SchülerInnen jeder Gruppe arbeiten nun für zwei oder drei Stunden gemeinsam. Ein Ziel ihrer Arbeit ist, sich dabei auf den im Anschluss an die Gruppenarbeit folgenden Test vorzubereiten. Dies geschieht durch Erörterung von Problemen, Vergleichen von Antworten und Korrektur von falschen Vorstellungen innerhalb der Gruppen.

3. Nach Beendigung der Teamarbeitsphase schreiben die SchülerInnen einen Test. Bei diesem Test werden sie individuell geprüft, d.h. sie dürfen nicht mehr in Gruppen zusammenarbeiten. Jede/r Schüler/in muss also sichergestellt haben, dass er/sie in der vorangehenden Teamarbeit den Unterrichtsstoff auch wirklich gelernt hat. Durch den Test werden im Grunde zwei Faktoren bewertet: Zum einen die individuelle Verbesserung jedes/r einzelnen Schülers/Schülerin und zum anderen das Gesamtergebnis der Gruppe.

4. Slavin schlägt vor, das Gruppenergebnis mit Zertifikaten zu belohnen oder mit bis zu 20% in die Note der SchülerInnen einfließen zu lassen.

5.5.2 Teams-Games-Tournament (TGT, Gruppenturniere)

Der Arbeitsverlauf von TGT basiert ebenfalls auf dem vierstufigen Instruktionsmodell und ähnelt sehr dem von STAD.

Die entscheidenden Unterschiede sind, dass die SchülerInnen anstatt in Tests ihr Wissen in Turnieren unter Beweis stellen müssen. Die Einführung in das Thema und die Teamarbeit erfolgen wie bei STAD.

Ablauf:

- Nach Beendigung der Teamarbeitsphase und mit Beginn der Testphase werden „Spieltische" aufgestellt.

- An jedem Spieltisch können drei SpielerInnen aus verschiedenen Gruppen spielen.

- In den Spielen müssen die SchülerInnen themenrelevante Fragen beantworten.

- Diese entsprechen vom Niveau her in etwa Klausurfragen.

- Bei der ersten Turnierrunde bestimmt die Lehrkraft, an welchen Tischen die einzelnen SchülerInnen spielen.

- An Tisch eins spielen die SchülerInnen, die vorher die besten Leistungen hatten, an Tisch zwei die mit den zweitbesten Leistungen usw.

- Nach der ersten Turnierrunde werden die SchülerInnen entsprechend ihren Turnierleistungen neu verteilt.

- TischsiegerInnen wandern einen Tisch „nach oben" und TischverliererInnen einen Tisch „nach unten".

So werden die SchülerInnen nach und nach Turniergruppen mit ungefähr gleicher Leistungsstärke zugeordnet und alle Teammitglieder haben die Möglichkeit, zu ihrem Teamerfolg beizutragen.

Die Gruppenbewertung erfolgt wieder wie bei STAD.

5.6 Group Investigation – Entdeckende Gruppenarbeit (entwickelt von Sharan)

Group Investigation eignet sich zur längerfristigen kooperativen Organisation interdisziplinären, projektorientierten Lernens. Der Unterricht wird dabei zu einer sich selbst steuernden Forschungsgemeinschaft.

Gefördert werden:

- die selbstständige Konstruktion von Wissen,

- Lernstrategien und

- höhere Formen des Denkens.

Der Ablauf erfolgt in sechs flexiblen Stufen:

1. Die Klasse formuliert Teilthemen zum lehrerbestimmten Thema,

2. Aufteilung in Gruppen, die ihre weitere Forschungstätigkeit planen,

3. Durchführung der Forschung,

4. Vorbereitung einer Präsentation,

5. Präsentationen für die anderen Gruppen,

6. SchülerInnen und LehrerInnen bewerten ihre Projekte, wobei abgelaufene Prozesse nachträglich reflektiert werden.

5.7 Learning Together (entwickelt von Johnson und Johnson)
Ablauf:

- Die Klasse wird in heterogene Gruppen mit je vier oder fünf SchülerInnen unterteilt, die gemeinsam Arbeitsblätter bearbeiten.

- Jede(r) SchülerIn erhält ein eigenes Arbeitsblatt, das er/sie mit Hilfe seiner/ihrer Gruppe bearbeiten muss.

- Dann werden die Ergebnisse der einzelnen Gruppenmitglieder noch einmal innerhalb der Gruppe diskutiert, und sie müssen sich auf ein gemeinsames Ergebnis einigen, welches auf einem Gruppenarbeitsblatt aufgeschrieben und am Ende von allen Gruppenmitgliedern unterschrieben wird.

- Die SchülerInnen bestätigen mit ihrer Unterschrift, dass sie das Ergebnis als Gruppenergebnis akzeptieren.

- Die LehrerIn kann sich nach Beendigung der Gruppenarbeit an ein beliebiges Gruppenmitglied wenden, um sich das Gruppenergebnis erklären zu lassen.

Mit diesem Ansatz sollen 60% des gesamten Unterrichts kooperativ organisiert werden.

5.8 Kooperatives Lernen mit WebQuests
Da beim WebQuest-Modell kooperatives Lernen im Mittelpunkt steht, soll dieses Verfahren als weitere Organisationsform kurz vorgestellt werden.

Phasenablauf (vgl. Nagel-Volkmann, 2007)

- Internetrecherche und Lösen der Aufgaben – individuelle Erarbeitungsphase – Konstruktion,

- Vermittlung der Lösungen zum Erstellen einer PowerPoint-Präsentation in der Gruppe – kooperative Erarbeitungsphase – Ko-Konstruktion,

- Erstellen einer PowerPoint-Präsentation in der Gruppe – kooperative Erarbeitungsphase – Ko-Konstruktion und

- Präsentation des Gruppenergebnisses mittels der erstellten PowerPoint-Präsentation – Präsentationsphase – Instruktion.

Diese Abfolge der Sozialformen erfordert und fördert von und bei den SchülerInnen ein hohes Maß an Verantwortungsbewusstsein und Kooperationsvermögen, denn das Gruppenergebnis kann nur erzielt werden, wenn jedes Gruppenmitglied zuvor ein Ergebnis erzielt hat. Von den LehrerInnen erfordert es die Anpassung des Niveaus der Aufgaben an das Leistungsvermögen der Lerngruppe.

5.9 Arten von Gruppen

Kooperative Basisgruppen

- sind bereits in der Grundschule einzuführende, heterogene und jahrelang stabile Gruppen, deren Mitglieder ihre Lernprozesse gegenseitig unterstützen.

Formale kooperative Gruppen

- können sich über mehrere Wochen erstrecken,

- Positive Interdependenz und group processing werden realisiert.

Informelle kooperative Gruppen

- Partnerdiskussion mit Rollenwechsel,

- können nur wenige Minuten einer Unterrichtseinheit dauern.

6 Resümee

Kooperatives Lernen ist in zahlreichen Versionen möglich (siehe Kapitel 5). Wie Kooperatives Lernen in den Gesamtzusammenhang schulischen Lernens einzuordnen ist, ist nach wie vor ein heiß diskutiertes Thema. Zwischen den verschiedenen Positionen kann nicht eindeutig entschieden werden. Relativ übereinstimmend ist dennoch die Auffassung, dass kooperatives Lernen als Aktivitätssegment des Unterrichts ausgeweitet werden sollte.

Kooperatives Lernen hängt hauptsächlich von der Gestaltung sozialer Arbeitsformen ab, kommt also nicht schon automatisch dadurch zustande, dass SchülerInnen Aufgaben in Gruppen bearbeiten. Dabei müssen die Aufgabenstellungen so angelegt sein, dass Kooperation sinnvoll wird und die SchülerInnen durch das Zusammenarbeiten für ihr Lernen profitieren.

Kooperative Arbeitsformen werden im Unterricht aber leider häufig aus verschiedenen Befürchtungen wie z. B. Unruhe in den Klassenräumen, größerer Arbeitsaufwand bei der Stundenvorbereitung oder ob nun tatsächlich ein Lerngewinn stattfindet, vernachlässigt.

7 Weiterentwicklungen

zeichnen sich bei theoretischen Erklärungen ab.

7.1.1 Einerseits finden sich Makrotheoretische Annahmen

- *Die Soziokonstruktivistische Position nach Piaget* besagt, dass das Individuum vor allem durch Interaktionen mit anderen zu neuen Sichtweisen und Erkenntnissen gelangt. (Piagetsches Lernarrangement = Prinzip des Lernens im sozialen Austausch, also kooperatives Lernen)

- *Der Soziokulturelle Ansatz nach Vygotski* betont die große Bedeutung der Interaktion mit kompetenteren anderen Personen bei der Entwicklung des Sprechens und Denkens. (Vygotskysches Lernarrangement = Lernen mit einem/r kompetenteren PartnerIn)

- *Beim Konzept des Situierten Lernens* soll Lernen in möglichst authentisch gestaltete Lernsituationen (situative Kontexte) mit praxisorientierten Anwendungsproblemen eingebettet sein.

7.1.2 Andererseits finden sich Zerlegungen in Effekt verursachende elementare Komponenten des kooperativen Lernens

- Kognitive Konflikte – Entdeckendes Lernen,

- Sprachliche Verhaltensweisen wie aktives Erklären und Fragen – Lernen durch Lehren.

8 Kurzzusammenfassung der wichtigsten Punkte

8.1 Definition

Kooperatives Lernen (engl.cooperative learning) ist eine Lernform, bei der Lernende in kleineren Gruppen gleichberechtigt und verantwortungsvoll gemeinsam Wissen generieren und austauschen und sich beim Lernen des Stoffs gegenseitig helfen.

8.2 Fünf Kriterien für qualitätvolles Kooperatives Lernen (nach Johnson und Johnson)

1. Positive Abhängigkeit: „Wir brauchen einander"

Jedes Mitglied der Gruppe hat zwei Verantwortungen:

- die vorgegebene Aufgabe erfüllen

- dafür sorgen, dass die anderen die vorgegebene Aufgabe erfüllen können.

Das Gefühl gegenseitiger Verantwortlichkeit muss von den SchülerInnen erst gelernt werden.

2. Direkte Unterstützung

Die Gruppenmitglieder stärken und fördern sich gegenseitig.

- Sie tauschen wichtige Informationsquellen und Materialien aus.

- Sie geben einander Feedback und stellen die einzelnen Lösungen in Frage mit dem Ziel, ein besseres Ergebnis zu erreichen.

- Sie erklären sich gegenseitig, was sie bereits gelernt haben und helfen bei Verständnisschwierigkeiten.

3. Verbindlichkeit: Jeder kann drankommen

In der Gruppenarbeit neigen manche Mitglieder dazu, sich aus der gemeinsamen Arbeit auszuklinken. Daher wird sowohl gegenüber der Gruppe als auch gegenüber dem Einzelnen verbindliche Leistung eingefordert.

- Jedes Mitglied bringt sich im Rahmen seiner Möglichkeiten so ein, dass es zur Erreichung des gemeinsamen Ziels beiträgt.

- Jede(r) ist für das Gesamtergebnis der Gruppe mitverantwortlich.

- Jedes Mitglied ist in der Lage, die Arbeit der Gruppe bzw. einen innerhalb der Arbeit klar definierten Bereich nachzuvollziehen und zu erklären.

4. Soziale Fähigkeiten: Rücksichtsvoll miteinander umgehen

Effektives kooperatives Arbeiten erfordert von SchülerInnen, dass sie lernen

- einander zu vertrauen,

- klar und verständlich miteinander zu kommunizieren,

- einander zu akzeptieren und zu unterstützen und

- Konflikte konstruktiv zu lösen.

5. Eigene Evaluation der Gruppenarbeit

Die Gruppen reflektieren, welche Aktivitäten und Methoden hilfreich waren und was sie in der Arbeit behindert hat.
Mögliche Strukturierung in fünf Schritten:

- **Erster Schritt:** Individuelle Reflexion der eigenen Beiträge

- **Zweiter Schritt:** Ein(e) BeobachterIn (Lehrkraft oder vor Beginn der Arbeit bestimmte(r) SchülerIn) gibt Feedback zur Art und Weise der Zusammenarbeit.

- **Dritter Schritt:** Die Gruppe setzt sich Ziele zum weiteren Lernstoff und der Art und Weise der Zusammenarbeit.

- **Vierter Schritt:** Lernergebnisse und Arbeitsweisen werden mit der ganzen Klasse besprochen. Dabei fließen Ergebnisse und Erkenntnisse zusammen: Ein Gesamtbild entsteht.

- **Fünfter Schritt:** Höhepunkt der Arbeit - Fortschritt und Lernerfolge werden gefeiert. Es entsteht das Gefühl, gemeinsam etwas geschafft zu haben, was der Einzelne allein nicht geschafft hätte.

8.3 Vorteile von kooperativem Lernen

Vorteile sind laut Krause (2007) auf kognitiver, metakognitiver, emotional-motivationaler und sozialer Ebene möglich.

- Das Lernen in einer Gruppe ist oft anregender und motivierender, als das Lernen alleine. Jedes Gruppenmitglied hat zum Teil andere Vorkenntnisse, Ideen oder Ansichten. Dadurch entsteht ein sog. Gruppenvorteil hinsichtlich Qualität und Kreativität von Problemlösungen; man selbst wird auf neue Gedanken gebracht.

- Wer sich aktiv am Gruppengeschehen beteiligt, lernt, zu argumentieren, zu diskutieren und sein Wissen verständlich und strukturiert vorzutragen. Dabei werden dann oft Wissenslücken oder Verständnisprobleme aufgedeckt, oder man lernt andere Interpretationen und Einschätzungen kennen. Das eigene Wissen wird also überprüft, ergänzt oder verändert und dabei stabilisiert.

- In Gruppendiskussionen lernt man zu erkennen, dass es nicht nur eine „richtige", sondern mehrere mögliche Lösungen gibt. Dies führt zu einer toleranteren Haltung gegenüber den Standpunkten anderer und zur Klärung von Missverständnissen und Konflikten.

- Eine gute Lerngruppe kann aufgrund der sozialen Unterstützung die Lern- und Durchhaltemotivation steigern.

Laut Konrad et al. (2005) zeigen kooperative Lernende

- bessere Unterrichtsleistungen,

- eine höhere Ausdauer im Unterricht,

- bessere kognitive Leistungen (schlussfolgerndes und kritisches Denken),

- tieferes Verstehen,

- mehr auf die Aufgabe bezogenes und weniger störendes,

- geringere Niveaus an Angst und Stress,

- höhere intrinsische Lern- und Leistungs-Motivation,

- höhere Fähigkeit eine Situation aus der Perspektive anderer zu beobachten,

- ein höhere Maß an positiven und unterstützenden Beziehungen und

- positivere Einstellungen und mehr Selbstachtung.

8.4 Bedingungen für eine erfolgreiche Gruppenarbeit

Für eine erfolgreiche Gruppenarbeit sind laut Krause (2007) folgende Einflussfaktoren bzw. Bedingungen zu beachten:

- **Aufgabe,**

- **Gruppenzusammensetzung,**

- **Rolle der Lehrkraft und**

- **Kooperationsform**

8.4.1 Aufgabe

Die Aufgaben sollten so gestaltet sein, dass jedes Mitglied teilhaben und Leistung erbringen kann. Arbeitsaufträge sind so zu formulieren, dass sämtliche Mitglieder einer Gruppe aufeinander angewiesen sind. Sie sollte nur durch koordinierte Zusammenarbeit bewältigt werden können und intrinsische Motivation auslösen. Die Aufgabe darf die Lerngruppe weder unter- noch überfordern.

Ebenso ist es wichtig, dass die Gruppenziele klar formuliert sind. Damit jedes Gruppenmitglied motiviert ist, seinen Beitrag zum Gruppenziel zu leisten, sollte darüber hinaus Chancengleichheit bei den individuellen Erfolgsaussichten bestehen. Dies setzt eine Orientierung an individuellen Bezugsnormen voraus.

Wie die Gruppenarbeit anerkannt und evaluiert wird, ist für die Motivation der TeilnehmerInnen von zentraler Bedeutung. Bei der Gesamtbewertung sollte auch beachtet werden wie die Gruppenaufgaben geleistet wurden und in wie weit jedes einzelne Mitglied dazu beigetragen hat.

8.4.2 Gruppenzusammensetzung

Hinsichtlich der Zusammensetzung der Lerngruppen ist sicher zu stellen, dass zu große Unterschiede im Niveau des Vorwissens und der kognitiven Fähigkeit eine effektive Kooperation behindern.

Kooperatives Lernen setzt kognitive und soziale Fertigkeiten der Gruppenmitglieder voraus. Mit der Übung solcher sozialen Fertigkeiten sollte bereits sehr früh, möglichst in der Grundschule, begonnen werden

Eine wichtige Voraussetzung für das kooperative Lernen ist die Bereitschaft und Motivation des Lernenden, mit anderen zusammen in einer Gruppe zu lernen. Kooperative Anreizstrukturen sollen eine Situation bieten, in der die Gruppenmitglieder ihre eigenen persönlichen Ziele nur dann erreichen können, wenn die Gruppe erfolgreich ist

Eine weitere Veränderliche, die sich auf die Bereitschaft des Lernenden bezieht, ist das individuelle Interesse am Thema der Gruppenarbeit. Wenn das Thema der Gruppenarbeit alle Gruppenmitglieder interessiert, obwohl keine entsprechende Belohnung bzw. Anerkennung angeboten wird, sind die Lernenden bereit, mit anderen zu lernen, die sich auch für das gleiche Thema interessieren.

8.4.3 Rolle der Lehrkraft

Die direkte Arbeit in den Gruppen bildet den Kern des Gruppenunterrichts. Da die Gefahr von Ineffizienz, d.h. einem anspruchslosen kognitiven Niveau, fehlender Zielorientierung oder privater Gespräche, bei Gruppenunterricht sehr groß ist, muss er von der Lehrkraft sorgfältig beobachtet werden, damit sie die Arbeit wegweisend unterstützen kann.

8.4.4 Kooperationsformen

Kooperatives Lernen kann unterschiedlich strukturiert werden. Man unterscheidet zwischen

- unstrukturierter Gruppenarbeit und

- strukturierten Kooperationsformen mit vorgegebenen Regeln. (Beispiele siehe Kapitel 5)

9 Literaturverzeichnis

E-Didakt IZHD (o.J.). Koomunikation und Kooperation. [online] http://www.zhw.uni-hamburg.de/edidakt/modul/nonflash/index.php?id=39 (abgerufen am 07. Oktober 2009)

eLearningCenter Universität Wien (2007). Kooperatives Lernen. [online] http://elearningcenter.univie.ac.at/index.php?id=501 (abgerufen am 07. Oktober 2009)

Konrad, K & Traub, S. (2005). Kooperatives Lernen: Theorie und Praxis. In: Kooperatives Lernen. Baltmannsweiler: Schneider, 2005.

Krause, Ulrike-Marie (2007). Feedback und kooperatives Lernen. Waxmann Verlag GmbH, 2007.

learn:line NRW (o.J.). Kooperatives Lernen. [online] http://www.learnline.nrw.de/angebote/greenline/ (abgerufen am 07. Oktober 2009)

Nagel-Volkmann, Jürgen (2007). Das Unterrichtskonzept „Kooperative WebQuests". Studienarbeit. GRIN Verlag, 2007.

Neber, Heinz (2001). Kooperatives Lernen. In: Rost, D. H. Handwörterbuch pädagogische Psychologie. Weinheim: Beltz 2001.

SINUS-Transfer Universität Bayreuth (o.J.). Modul 8: Kooperatives Lernen. [online] http://sinus-transfer.uni-bayreuth.de/module/modul_8brkooperatives_lernen.html (abgerufen am 07. Oktober 2009)

Stangl, Werner (o.J.). Lernen in Gruppen. [online] http://arbeitsblaetter.stangl-taller.at/LERNEN/Gruppenlernen.shtml (abgerufen am 05. Oktober 2009)

Textor, Martin R. (2000.): Lew Wygotski - der ko-konstruktive Ansatz. In: Pädagogische Ansätze im Kindergarten. Weinheim, Basel: Beltz 2000.